Finanzwirtschaft
gegen
Parteiwirtschaft!

Vortrag

gehalten

vor dem Eisen- und Stahlwaren-Industriebund
in Elberfeld am 19. November 1925

von

Dr. Georg Solmssen
Geschäftsinhaber der Disconto-Gesellschaft

Berlin und Leipzig 1926

Walter de Gruyter & Co.

vormals G. J. Göschen'sche Verlagshandlung / J. Guttentag, Verlagsbuchhandlung / Georg Reimer / Karl J. Trübner / Veit & Comp.

Die Broschüre stellt den erweiterten Inhalt des Vortrages dar.

Die Regelung der Finanzen der Privat- und der Gesamtwirtschaft steht nach wie vor im Vordergrund der Erörterung. Das Drängen nach einer Neuordnung der Beziehungen der Kulturvölker zueinander, das gerade in diesen Tagen so stark hervortritt, was ist es anders als die Erkenntnis der unabwendbaren Notwendigkeit, einen Ausweg aus dem wirtschaftlichen Wirrsal zu finden, in das die Übersteigerung des Machtprinzips die Menschheit gestürzt hat? Der Verständigungswille mit allen Hoffnungen, die sich an seine Verwirklichung knüpfen, er wäre nie in Erscheinung getreten, wenn man nicht erkannt hätte, daß Macht allein nicht mehr imstande ist, die Wirtschaftsgesetze zu bändigen, die sich aus der Naturnotwendigkeit des Zusammenlebens der Völker für die Beziehungen ergeben, die sie miteinander verbinden. Diese Gesetze sind Naturprodukte, die ihren eignen unerbittlichen Gang gehen. Die Welt schreit danach, daß diese Gesetze wieder beachtet und befolgt werden, weil sie nur dann hoffen darf, die Schwierigkeiten gemildert zu sehen, die alle Völker belasten. Es wäre aber ein schwerer Irrtum, zu glauben, daß das jetzt hervortretende Überwiegen der wirtschaftlichen Gesichtspunkte die Bedeutung des Schwergewichtes aus der Welt geschafft hätte, welches jedes Volk in Gestalt der ihm innewohnenden Kräfte in die Wagschale der Geschicke zu werfen berufen ist. Dieses Schwergewicht wird auf die Dauer auch weiterhin ausschlaggebend sein für die Stellung, die jedes Volk als Ganzes einzunehmen gewillt und berechtigt ist. Ein Volk mag noch so reich sein, es wird seine Stellung nicht halten können, wenn es nicht innerlich gefestigt ist. Und es mag noch so arm sein, es wird stärker sein als andere Völker, wenn es sich innerlich stark macht, indem es die Kräfte der Arbeit und des Charakters als die Grundlagen seiner Existenz erkennt und durch ihre Übung die Eigenschaften züchtet, die den Willen beflügeln, ihm das unerschütterliche Vertrauen auf sich selbst geben und ihn lehren, Schwierigkeiten nicht als Hemmnisse, sondern als Barrieren zu betrachten, deren Überwindung um so befähigter macht, das nächsthöhere Hindernis mit Erfolg zu nehmen.

Von diesen Gesichtspunkten aus sind die Finanzfragen der Gegenwart zu betrachten. Sie bedeuten Probleme, die überwunden werden können und überwunden werden müssen, nicht weil man hoffen dürfte, nach ihrer Überwindung die Hände in den Schoß legen zu können, sondern weil sie Fragen der Erziehung für unser Volksganzes in sich schließen, die zu lösen uns niemand helfen kann als wir selbst, deren Behandlung aber zurzeit vielfach, sowohl in der Privat- wie in der Gemeinwirtschaft, weit entfernt davon ist, dem hierfür aufzustellenden Ideal zu entsprechen. Je nachdem, wieweit wir dieser Fragen Herr werden, wird sich zeigen, ob der Geist von Locarno für uns ein guter oder böser war.

Wirtschaften heißt Haushalten. Das oberste Gesetz, das ebenso für jedes privatwirtschaftliche Unternehmen wie für die Gesamtwirtschaft gilt, ist deshalb das Gebot, Ausgaben und Einnahmen in Einklang zu halten. Es ist das eine Binsenwahrheit, die auszusprechen man kaum für nötig halten sollte. Wir erleben aber Tag für Tag, daß gegen sie gesündigt und verlangt wird, daß sich die Einnahmen nach den Ausgaben richten, daß gehandelt wird, als ob das Geld nicht, wie jede begrenzte Quantität, die unangenehme Eigenschaft hätte, zum Schluß nicht mehr da zu sein, wenn man seine Verwendung nicht nach der Menge einteilt, die zur Verfügung steht.

Aus der unseligen Inflationszeit her steckt den Leuten immer noch der Gedanke im Blut, das Geld werde sich schon irgendwie finden. Aus diesem Fehlschluß muß es schließlich stets ein böses Erwachen geben, leider in der Regel, wenn es zu spät ist. Versuchen wir deshalb, uns klar zu werden, wie wir uns vor den Folgen dieses „Zuspät" nach Möglichkeit bewahren können.

Jeder, der gezwungen ist, sich fortdauernd mit dem Ergehen wirtschaftlicher Betriebe zu befassen und ihre Entwicklung bestimmend zu beeinflussen, macht immer wieder die Beobachtung, daß zwar sehr viel von Abbau gesprochen wird, auch recht Erhebliches geschieht, um ihn zu bewirken, häufig aber das Grundprinzip außer acht gelassen wird, ohne dessen Verwirklichung ein erfolgreicher Abbau nicht möglich ist. Und doch gibt es einen einfachen und klaren Weg, um dieses Problem zu meistern: die Gesetze des Abbaues müssen aus denen des Aufbaues abgeleitet werden. Nur der Rückblick auf den Aufbau kann uns lehren, wie wir abzubauen haben. Deutschland ist reich an Unternehmen, deren Aufbau sich durch die Tatkraft, die emsige Arbeit, die Kenntnisse der Firmeninhaber vollzogen hat. Viele unserer größten Firmen und unserer führendsten Persönlichkeiten blicken mit berechtigtem Stolz auf eine Laufbahn zurück, die ganz klein begonnen und allmählich zu immer weiter greifenden Erfolgen geführt hat.

Welche Finanzgrundsätze waren es nun, die solchen Aufstieg ermöglicht haben? Sie lassen sich in drei Leitsätze zusammenfassen, deren Befolgung die Erfahrung gelehrt und deren Verletzung dieselbe Erfahrung verboten hat:

1. Gib nicht mehr aus, als du einnimmst; richte deine Ausgaben so ein, daß du alljährlich eine Ersparnis erzielst!

2. Gehe keine Verbindlichkeiten ein, die du nicht am Fälligkeitstage erfüllen kannst!

3. Laß dich nie auf ein Geschäft ein, das du nicht mehr zu übersehen vermagst!

Um mit dem letzten Satz anzufangen, so brauche ich in diesem Kreise nicht auszuführen, wie schwer sich die deutsche Wirtschaft gegen diesen Grundsatz versündigt hat. Die Ohrfeigen dafür sind nicht ausgeblieben. Größte Konzerne mit klingendsten Namen, von denen besonders einer sich gleichsam als Prototyp der deutschen Industrie gebärdete, haben eine Übersättigung mit Geschäften betrieben, deren Umfang allein geeignet war, das Unternehmen zum Tode zu verurteilen. Es ist ein Beweis starker Kritiklosigkeit, daß die deutsche Wirtschaft, obgleich ihr seit langem viele Erscheinungen der zusammengebrochenen Überorganisationen unverständlich und verdächtig erscheinen mußten, sich lange, unter Ausschaltung eigener Meinung, in den Bann der faszinierenden Eigenschaften von Leuten gestellt hat, die, wie ihr eigenes Schicksal beweist, in keiner Weise berechtigt waren, die angemaßte Führerrolle zu spielen. Die alte Weisheit, daß man vor keiner Firma Respekt haben, sondern immer wieder unbefangen prüfen soll, ob ihr Tun und Lassen vor gesundem Menschenverstande bestehen kann, ist sträflich vergessen worden, sonst hätte man sich längst sagen müssen, daß keines Menschen Gehirn ausreicht, um die heterogensten Gebiete der Wirtschaft gleichzeitig gründlich zu meistern. Das „Schuster bleib bei deinem Leisten" hat sich wieder als richtig bewährt. Die Gefahr, daß nach dieser Richtung von neuem gesündigt werde, ist in der Privatwirtschaft geringer geworden, weil der Anstoß zu dieser Entwickelung aus dem Währungsverfall kam und man mit Ruhe sagen darf, daß, wenn die Geschäfte der Reichsbank auch weiterhin, wie bisher, erfolgreich in den Dienst des Schutzes der Währung gestellt werden, es unmöglich ist, daß von neuem wirtschaftliche Abenteurer auf dem Rücken der Gesamtheit spekulieren. Die Staatswirtschaft ist dagegen, wie später noch zu behandeln sein wird, auf dem besten Wege, mit vollen Segeln den weiten Ozean der Wirtschaftsbetätigung nach allen Himmelsrichtungen zu befahren.

Wenn ich nunmehr aus dem ersten Leitsatz des Abbaues:

> „Gib nicht mehr aus, als du einnimmst; richte deine Ausgaben so ein, daß du alljährlich eine Ersparnis erzielst!"

die Gebote abzuleiten versuche, welche in der Privatwirtschaft für den Abbau gelten müssen, so ergibt sich, daß dieser Abbau nicht ausgehen darf von dem Geschäftsumfange, wie er sich als Erfolg einer leider vergangenen Wirtschaftsperiode darstellt, sondern konstruiert werden muß entsprechend der wirtschaftlichen Tragfähigkeit, welche das Unternehmen gegenwärtig noch besitzt. Es muß also geprüft werden, welche industriellen und finanziellen Mittel zur Verfügung stehen, welcher Umsatz mit ihnen erzielt werden kann und wieweit dieser Umsatz Gewinn abwirft. Aus diesen Faktoren muß der Betrag der Ausgaben errechnet werden, welche das Unternehmen zu tragen in der Lage ist. Es ist gänzlich verfehlt, wenn man sich bei Beantwortung der Frage, wie hoch diese Ausgaben sein dürfen, von der Erwägung leiten läßt, welchen Anteil an dem Geschäft seiner Branche das betreffende Unternehmen, verglichen mit der Vergangenheit, haben müßte. Diese Überlegung führt in den Sumpf. Es darf nicht gesagt werden: ich muß mein Geschäft in diesem oder jenem Umfange aufrechterhalten, um das Prestige der Vergangenheit zu schützen, sondern es muß immer wieder gefragt werden, welchen Umfang darf mein Geschäft noch haben, um auf die Dauer rentabel zu sein. Mancher Firmeninhaber, der sich von diesen Gesichtspunkten aus auf Herz und Nieren prüft, wird feststellen, daß er für seine Verhältnisse bereits seit längerer Zeit ein zu großes Rad dreht, und zwar nicht nur geschäftlich, sondern auch privatim. Je klarer ein Betrieb die Notwendigkeit der Selbstbeschränkung erfaßt, je rücksichtsloser gegen sich selbst und je rascher er die Konsequenzen dieser Erkenntnis zieht, um so eher wird er sich wieder auf sicheren Boden stellen und nicht die Enttäuschung erleben, zu spät zu erkennen, daß der aufrechterhaltene Geschäftsumfang seine Kraft überstieg und der Zusammenbruch vor der Tür steht. Es ist viel weniger gefährlich, einen erheblichen Teil des zu großen Geschäftsumfanges zu opfern und wieder Herr im eigenen Hause zu werden, d. h. ohne Schulden zu wirtschaften, die man nicht mehr meistern kann, als sich zum Sklaven eines Geschäftsumfanges zu machen, der die zur Verfügung stehenden Mittel übersteigt. Es ist genau so, wenn der Privatmann Sklave eines in der Vergangenheit berechtigt gewesenen Aufwandes bleibt, obgleich dieser Aufwand mit seinen Mitteln nicht mehr in Einklang zu bringen ist. Es ist viel richtiger — und das einzig Mögliche —, in dem Augenblick, in welchem sich dieses Mißverhältnis ergibt, die Ausgaben so weit herunterzuschneiden, daß die Einnahmen zu ihrer Bestreitung mindestens ausreichen.

Mein zweiter Leitsatz für den Abbau:

„Gehe keine Verbindlichkeiten ein, die du nicht am Fälligkeitstage erfüllen kannst!"

klingt ebenfalls sehr selbstverständlich und wird doch ebenfalls, wer weiß wie oft, übertreten. Man vergißt immer wieder, daß Schulden nur von solchen Unternehmungen gemacht werden dürfen, die sie aus dem Kreislauf ihrer Wirtschaft zurückzahlen können. Der Rembourskredit ist dementsprechend die in erster Linie berechtigte Schuldenform. Schulden zwecks Aufrechterhaltung des Betriebes und zur Durchführung von Bauten und Betriebserweiterungen sind nur zulässig, wenn dadurch in bestimmt absehbarer Zeit eine Rente erzielt wird, welche die Begleichung der Schulden ermöglicht. Fundierte Schulden auf lange Sicht dürfen nur eingegangen werden, wenn der Jahresertrag des Unternehmens die Verzinsung und Amortisation sicherstellt. Ich werde in einem späteren Punkt meiner Darlegungen auf die Frage zurückkommen, in welcher Weise diese Gebote bei Eingehung von Auslandskrediten besonders beachtet werden müssen.

Welches Bild zeigt sich nun, wenn man die besprochenen drei Leitsätze des Abbaues zum Maßstabe für die Beurteilung der öffentlichen Finanzwirtschaft macht? Das Ergebnis ist erschreckend und muß mit Grausen erfüllen, auch wenn man dem Umstande Rechnung trägt, daß Privatwirtschaft und Staatswirtschaft sich wesentlich unterscheiden; denn Privatbetrieb ist etwas Vergängliches, Staatsbetrieb etwas Ewiges; Privatbetrieb muß verdienen, Staatsbetrieb soll von Rechts wegen überhaupt nichts verdienen, sondern verwalten. Eine große Reihe der Maßnahmen des Staates läßt sich deshalb nicht von den gleichen Gesichtspunkten aus betrachten, die für die Privatwirtschaft maßgebend sein müssen. Trotzdem ist völliges Außerachtlassen der die Privatwirtschaft regierenden Gesetze auch für die Finanzwirtschaft des Staates unmöglich, weil der Staat als Ganzes innerhalb der Weltwirtschaft den an ihr beteiligten übrigen Staatsgebilden gegenübertritt und seine Finanzwirtschaft sich als Ganzes in den Beziehungen auswirkt, die ihn mit den übrigen an der Weltwirtschaft teilnehmenden Gebilden verbinden. Wenn ein Staat auf die Dauer finanziell schlecht wirtschaftet, so kann der Rückschlag auf seine wirtschaftliche Geltung und damit auf die Wohlfahrt aller seiner Angehörigen nicht ausbleiben. Die Mißachtung, welche die Wirtschaft des Staates im Kreise der Weltwirtschaft treibenden Völker erfährt, muß sich zu guter Letzt auch in der Bewertung ausdrücken, die seine Währung außerhalb seiner Grenzen erfährt. Eine Staatswirtschaft, die wie die unsrige mit einer passiven Jahreshandelsbilanz von mehr als 4 Milliarden Mark arbeitet, hat deshalb allen Grund, sich diese Fragen ernsthaft vor Augen zu halten.

Nähere Betrachtung wird zeigen, daß unsere öffentliche Finanzwirtschaft tatsächlich gegen die drei vorhin aufgestellten Gebote des Abbaues verstößt.

Was zunächst das Gebot der Übereinstimmung von Ausgabe und Einnahme betrifft, so könnte vielleicht der Staat von sich sagen, es sei für ihn überhaupt unmöglich, mehr auszugeben als einzunehmen, denn er brauche ja nur seine Einnahmen durch Steigerung der Abgaben zu erhöhen, die er von seinen Staatsangehörigen erhebe. Freilich kann der Staat so verfahren; nur läuft er Gefahr, damit die Henne totzuschlagen, die ihm die goldenen Eier legen soll. Unsere öffentliche Finanzwirtschaft ist auf dem besten Wege, dieses Ziel zu erreichen. Sie hat jetzt bereits die Privatwirtschaft bis an den Rand des Ruins gebracht. Die Vertreter der öffentlichen Hand werden vielleicht einwenden, daß sie so handeln mußten, wie sie gehandelt haben, weil sie durch die Umstände gezwungen gewesen seien, eine Vorratssteuerpolitik zu treiben. Ich will nicht verhehlen, daß ich prinzipiell ein absoluter Gegner einer solchen Vorratssteuerpolitik bin.

Meine Opposition beruht auf zwei Gründen: Einmal stützt sie sich auf die Erfahrung, daß eine öffentliche Verwaltung, welche mehr Geld hat, als sie unbedingt braucht, unfehlbar der Sucht verfällt, dieses Geld auszugeben. Sodann bin ich der Ansicht, daß es gegenüber der Entente ein sehr gefährliches Spiel bedeutet, den Anschein zu erwecken, als ob die öffentlichen Finanzen, sobald der Staat nur wolle, im Gelde schwämmen.

Ein Staat sollte sich überhaupt keine Reserven schaffen, welche über die unbedingt von ihm zu bestreitenden Ausgaben hinausgehen. Die Staatsverwaltung soll nicht wirtschaften, sondern sie soll verwalten. Man wird vielleicht einwenden, daß die von uns betriebene Steuervorratspolitik nötig war, um die Erfüllung des Dawes-Planes sicherzustellen. Ich darf aber darauf verweisen, daß die auf Grund meines Referates seitens des Centralverbandes des Bank- und Bankiergewerbes im Mai 1924 der Reichsregierung unterbreitete Resolution zu dem Dawes-Plan in dem Satze gipfelte, daß dieser angenommen werden müsse, weil sich kein anderer Ausweg biete, einen nochmaligen Währungsverfall zu verhüten, daß der Dawes-Plan aber in der Form, in der er uns aufoktroyiert wurde, unausführbar sei, weil er unsere Kräfte übersteige. Es ist ein übles Ding, wenn die Vertreter der Entente jetzt darauf hinweisen können, daß diese Prophezeiung sich als falsch erwiesen habe. Das Argument, daß sie durch den Zusammenbruch der Privatwirtschaft erschreckend bewahrheitet werde, wird im Ausland wenig Anklang finden; denn ihm ist mit einer starken deutschen Wirtschaft keineswegs allenthalben gedient.

Aber selbst wenn man die Dawes-Belastung als Grund dafür gelten lassen wollte, daß die Finanzwirtschaft des Staates zur Sicherung der übernommenen Erfüllungsverpflichtungen eine gewisse Steuervorratspolitik betreiben mußte, zeigt die Durchsicht der Etatsziffern, daß die Summen, welche über die Dawes-Verpflichtung hinaus seitens des Staates vereinnahmt worden sind, in gar keinem Verhältnis zu den berechtigten Einnahmen einer sparsam wirtschaftenden Staatsverwaltung stehen, und daß, wenn irgendwo, so in der Staatswirtschaft der Grundsatz vernachlässigt worden ist, die Ausgaben den Einnahmen anzupassen, d. h. den Umfang des Betriebes im Rahmen der Rentabilität der Privatwirtschaft zu halten und durch Abbau die Gesamtwirtschaft wiederaufzubauen.

Um Klarheit darüber zu erhalten, was die öffentliche Hand verbrauchen durfte und was sie demgegenüber verbraucht hat, will ich versuchen, unter Berücksichtigung der Unterschiede zwischen Gegenwart und Vergangenheit einen Vergleich zwischen beiden zu ziehen. Dieser Vergleich wird zeigen, daß alle sogenannten Sparmaßnahmen nicht mehr zum Ziele führen können und zu einer Radikalkur gegriffen werden muß.

Es betrugen im Etatsjahr 1913/14 die Steuereinnahmen:

	in Milliarden Mark
des Reichs	2,100
der Länder	1,140
der Gemeinden, Kreise und Provinzialverbände	1,300—1,600
in Summa rund	4,500—4,800

Dagegen betrugen im Etatsjahr 1924/25

die Steuer- und Zolleinnahmen des Reiches nach Abzug der Überweisung an Länder und Gemeinden	4,683
die Überweisungen an Länder und Gemeinden	2,629
die eigenen Steuern der Länder und Gemeinden schätzungsweise	2,500
in Summa rund	9,800

Es sind also im Etatsjahr 1924/25 rund 5 Milliarden Mark mehr im Steuerwege vereinnahmt worden, als im Jahre 1913/14. Das ist geschehen, obgleich das für das Jahr 1913 von Helfferich mit 40 Milliarden Mark geschätzte Volkseinkommen auf etwa 30 Milliarden Mark im Jahre 1924 gesunken ist. Letztere, von mir früher geringer veranschlagte Ziffer stützt sich vor allem auf die inzwischen bekanntgewordenen Ergebnisse der Einkommensteuer für das Jahr 1924. Es hat sich also die Steuerlast in Prozenten des Volkseinkommens gegenüber dem Jahre 1913/14 verdreifacht; sie ist pro Kopf der Bevölkerung von 68 Mark auf 158 Mark gestiegen, so daß nach Abzug der Steuern auf den Kopf der Bevölkerung im Jahre 1924 ein Einkommen von 325 Mark gegenüber 540 Mark im Jahre 1913 verblieb.

Bei der Schätzung der Länder- und Gemeindesteuern für 1924/25 mit 2,5 Milliarden Mark wurde von folgenden Erwägungen ausgegangen.

Der Freistaat Preußen hat im Jahre 1924 aus eigenen Steuern, besonders der Grundsteuer und der Hauszinssteuer, allein ungefähr ebensoviel vereinnahmt wie im Jahre 1913 aus allen Steuern überhaupt. Die gleiche Feststellung ergibt sich bei einer großen Reihe von Gemeinden. Dieselben nehmen aus ihren jetzigen eigenen Steuern, besonders der Grund- und Gewerbesteuer, ebensoviel, vielfach sogar erheblich mehr ein, als im Jahre 1913. Man geht daher vorsichtig zu Werke, wenn man als schätzungsweise Steuereinnahme von Ländern und Gemeinden für 1924/25 die Summe ihrer Einnahmen für 1913/14 einsetzt. Wahrscheinlich ist diese Ziffer eher erheblich zu niedrig, als zu hoch gegriffen.

Ich will nun versuchen, eine Rechnung darüber aufzustellen, in welcher Höhe Reich, Länder und Gemeinden, gemessen am berechtigten Verbrauch, ihre Steuereinnahmen hätten festsetzen dürfen. Ich glaube, daß ich dem Staate kein Unrecht tue und hinsichtlich Sparsamkeit nicht zuviel von ihm verlange, wenn ich hierbei die Ausgaben des starken, freien und glücklichen Deutschlands der Vorkriegszeit zugrunde lege und auf Geldentwertung und Gebietsverlust entsprechend Rücksicht nehme.

Wie bereits erwähnt, beliefen sich im Etatsjahr 1913/14 die gesamten Steuereinnahmen von Reich, Ländern und Gemeinden auf 4,5 bis 4,8 Milliarden Mark. Hinzu traten die Überschüsse der öffentlichen Erwerbsbetriebe, wie Post und Eisenbahn, und die Erträgnisse der Anleihen des

Reichs und der Länder mit im ganzen rund 1,4 Milliarden Mark, so daß man auf eine Gesamteinnahme von 5,9 bis 6,2 Milliarden Mark, also auf rund 6 Milliarden Mark kommt. Von dieser Summe müssen abgezogen werden 10 v. H. für Gebiets- und Bevölkerungsverluste mit rund 600 Millionen Mark. Die Restsumme von 5,4 Milliarden Mark ist unter Berücksichtigung der Lebenshaltungsindexziffer des Monats September 1925 von 145 um rund 50 v. H., d. h. um 2,7 Milliarden Mark zu erhöhen. Das ergäbe gegenüber dem verbrauchten Vorkriegsbedarf von rund 6 Milliarden Mark für die Gegenwart eine Verbrauchsberechtigung von 8,1 Milliarden Mark, mithin 1,7 Milliarden Mark weniger, als die öffentliche Hand im Jahre 1924/25 tatsächlich vereinnahmt hat, und unter Berücksichtigung des dem Reiche verbliebenen Überschusses von 700 Millionen Mark eine Zuvielausgabe von einer Milliarde Mark. Diese Ziffer erhöht sich dadurch, daß sich die Ausgabeverpflichtungen des Reiches und der Länder gegenüber den Ansprüchen des Jahres 1913/14 für einige wichtige Etatsposten erheblich vermindert haben. Und zwar sind die Ausgaben für Heer und Marine von 972 Millionen Mark im Jahre 1913/14 auf 399 Millionen Mark im Jahre 1924/25 und die Ausgaben für Verzinsung und Tilgung der Schulden des Reiches und der Länder von 937 Millionen Mark im Jahre 1913/14 ebenfalls auf 399 Millionen Mark im Jahre 1924/25 gesunken. Es waren also weitere rund 1,1 Milliarden Mark, verglichen mit 1913/14, weniger auszugeben. Zieht man diesen Betrag von der oben errechneten Höchstbedarfziffer von 8,1 Milliarden Mark ab, so ergibt sich, daß, gemessen an den Vorkriegsausgaben, nur eine Höchstausgabe von 7 Milliarden Mark zulässig gewesen wäre. Für die Steuererhebung gehen von dieser Summe noch ab die Erwerbseinnahmen der Länder mit rund 250 Millionen Mark, so daß steuerlich zu decken blieben 6,750 Milliarden Mark. Auch diese Ziffer ist insofern noch zu günstig für die öffentliche Finanzverwaltung gegriffen, als in den 399 Millionen Mark Anleihe-Verzinsungs- und -Tilgungsausgaben für 1924/25 ein Betrag von 230 Millionen Mark enthalten ist, der für den Rückkauf der Goldanleihe aufgewendet werden mußte und mithin eine außerordentliche Tilgungsausgabe bedeutet. Angesichts des Zahlentaumels unserer öffentlichen Gewalten wollen wir aber nach dem Satze handeln: Minima non curat praetor! Wir wollen auch die Kirchensteuern bei unseren Berechnungen außer acht lassen, obgleich sie sehr erkleckliche, nach Hunderten von Millionen zählende Summen ausmachen.

Zur Würdigung dieser Zahlen ist noch festzustellen, welche Zwangsausgaben dem Reich aus der Deckung der Kriegslasten und der Erfüllung des Dawes-Planes erwachsen sind. Da sich Rechnungsjahr und Reparationsjahr zeitlich nicht decken, erscheinen in den Kriegslastenbudgets für 1924/25 und 1925/26 nicht die bekannten Ziffern von 1 Milliarde Mark für das erste und von 1,2 Milliarden Mark für das zweite Reparationsjahr, sondern nur Teilbeträge dieser Summen. Einschließlich der sonstigen Ausgaben zur Erfüllung des Versailler Vertrages wurden eingestellt in das Rechnungsjahr 1924/25 im ganzen 1,034 Milliarden Mark und in das Rechnungsjahr 1925/26 1,400 Milliarden Mark. Von diesen Beträgen belasten den Reichshaushalt selbst für das Rechnungsjahr 1924/25 467 Millionen Mark und für das Rechnungsjahr 1925/26 597 Millionen Mark. Schlägt man als Mittelzahl 500 Millionen Mark als Kriegslastenausgabe des Reiches der oben errechneten zulässig gewesenen Ausgabenhöchstziffer von 6,750 Milliarden Mark zu, so kommt man auf Grund des Maßstabes des Jahres 1913/14 auf die Höchstsumme von 7,250 Milliarden Mark, die im Steuerwege für das Etatsjahr 1924/25 hätten erhoben werden dürfen.

Reich und Länder haben aber für das Etatsjahr 1924/25 im ganzen 9,8 Milliarden

Mark, also rund 2,550 Milliarden Mark mehr an Steuern erhoben, als sie, gemessen an dem Maßstabe der Vorkriegszeit, hätten erheben dürfen.

Die gleiche Erscheinung scheint sich für das Etatsjahr 1925/26 wiederholen zu sollen. Es sind nämlich erhoben worden in den ersten sechs Monaten des laufenden Rechnungsjahres 1925/26 an:

	Milliarden Mark
Reichssteuern und Zöllen rund	3,600
Steuern der Länder und Gemeinden schätzungsweise	1,250
	4,850
oder auf das ganze Jahr gerechnet	9,700
d. h., verglichen mit jenen vorhin errechneten	7,250
wiederum	2,450

zuviel.

Rund 2,450 Milliarden Mark wäre also der Betrag, um den die deutsche Wirtschaft auch im laufenden Etatsjahre 1925/26, verglichen mit einer doch opulenten Vergangenheit, würde geschont werden können, wenn die Begrenzung aller öffentlichen Ausgaben auf das Vorkriegsmaß zurückgeführt worden wäre.

Jedenfalls stehen wir schon jetzt der erschreckenden Tatsache gegenüber, daß von April 1924 bis Ende September 1925 im ganzen rund 3,775 Milliarden Mark über das Maß des Zulässigen hinaus der Wirtschaft entzogen worden sind.

Ein wirklicher Abbau der zu hohen Ausgaben der

öffentlichen Hand müßte mithin damit beginnen, daß das Höchstmaß der Ausgabeziffern auf dem von mir skizzierten Wege festgestellt würde. Hierbei müßte selbstverständlich in gebührender Weise auf die durch den Krieg entstandenen Pensions- und Versorgungsansprüche Rücksicht genommen werden. Ist die Höchstziffer der zulässigen Ausgaben für die öffentliche Hand einmal festgestellt, so muß ihre Innehaltung mit drakonischer Strenge durch die Verteilung der zulässigen Ausgabenbeträge auf die ausgabeberechtigten Stellen erzwungen werden. Das ist die einzige Möglichkeit, um den Wiederaufbau des Staatswesens durch Abbau herbeizuführen.

Man hat bereits auf den verschiedensten Wegen Ersparnisse in der öffentlichen Verwaltung herbeizuführen versucht. Sicherlich ist hierdurch einiges erreicht worden. Im ganzen genommen hat dieses System mit negativem Erfolge gearbeitet; denn die Gesamtsumme der Ausgaben, die angeblich unbedingt nötig sind, ist dauernd gewachsen. Es muß deshalb, damit endlich der Flut dieser Ausgaben und der leichtsinnigen Verschleuderung des im Steuerwege aufgebrachten Geldes ein Halt geboten werde, mit dem Ende begonnen und die Ausgabeziffer auf Grund der möglichen Einnahmen nach oben unabänderlich festgelegt werden. Es muß unter Zugrundelegung eines Schlüssels, der durch die Erfahrung gerechtfertigt ist, die Maximalsumme bestimmt werden, innerhalb deren sich die Ausgaben überhaupt halten dürfen, und die Innehaltung dieser Summe verwaltungsgemäß gegenüber allen Behörden und, was besonders wichtig ist, gegenüber allen Reichs-, Landes-, Provinzial- und Stadtparlamenten unbedingt sichergestellt werden. Dafür, wie das zu machen ist, habe ich mir bereits erlaubt, in meinem Referat auf dem Bankiertag im Oktober 1920 einige Anregungen zu geben. Ich habe damals darauf hingewiesen, daß die Nachprüfung der Rechtmäßigkeit bereits erfolgter Ausgaben vom Standpunkt der kameralistischen Buchführung sehr schön, wirtschaftlich gesehen aber ohne jede Bedeutung ist. Eine Erzwingung der Ausgabenbegrenzung läßt sich nur herbeiführen, wenn im Laufe des Rechnungsjahres die Maßnahmen aller Verwaltungszweige sowohl hinsichtlich der Aufstellung des Budgets für das kommende Jahr, wie in der Verwendung der zugebilligten Kredite für das laufende Jahr fortdauernd der Kontrolle der obersten Finanzbehörde unterstellt sind. Ich habe in dem erwähnten Referat hervorgehoben, daß in einer Reihe ausländischer Staaten dahin zielende Einrichtungen bestehen. England, Frankreich, Italien, Belgien und Holland besitzen eine finanzministerielle Kontrolle für jede Ausgabeanweisung. Dieselbe ist in den einzelnen Ländern verschieden konstruiert, läuft aber praktisch immer darauf hinaus, daß der obersten Finanzbehörde durch Präventivkontrolle ein Vetorecht gegenüber der Verwaltung eingeräumt wird. So sind in England und Italien jedem Zentralressort Beamte des Finanzministeriums beigeordnet, die, sei es allein, sei es, wie in England, unter Mitwirkung des Schatzamtes selbst, zuzustimmen haben, bevor Maßnahmen getroffen werden können, welche Ausgaben hervorrufen. Aber auch hiervon abgesehen muß die Organisation der Staatsfinanzverwaltung dahin entwickelt werden, daß von einer gesetzlich festgelegten Höchstausgabesumme ausgegangen wird, deren Verteilung und Verwendung unter dauernder Kontrolle steht. Jede andere Regelung wird nichts daran zu ändern vermögen, daß jedes einzelne ausgabeberechtigte Ressort seine Ausgaben für unumgänglich nötig erklärt und womöglich noch die Unterstützung parlamentarischer Freunde erhält, die über die beantragten Bewilligungen hinaus munter weitere Ausgaben zugestehen. Ich bin mir vollkommen klar darüber, daß das Nebeneinander von Reich, Ländern und Gemeinden es nicht leicht machen wird, eine solche vorübergehende unumgängliche Vereinheitlichung der Ausgabe- und Einnahmewirtschaft herbeizuführen. Für unübersteigbar halte ich die sich daraus ergebenden Schwierigkeiten nicht. Ich könnte mir sogar, Optimist, wie ich bin, denken, daß ein edler Wetteifer der Ressorts entbrennt, sich gegenseitig an Sparsamkeit zu übertreffen.

Es ist hoffnungslos, zu erwarten, daß eine durchgreifende Besserung eintreten kann, wenn man die Finanzreform der gesamten öffentlichen Hand auf dem Wege über die Parlamente herbeiführen will. Wir können reden und schreiben und beantragen soviel wir wollen, es wird sich nichts ändern und alles beim Alten bleiben, wenn wir nicht die Axt an die Wurzel des Übels legen und die Finanzwirtschaft bis zur Neuordnung völlig loslösen vom Kuhhandel der Parteien. Sie sind es — bei den letzten Berliner Stadtverordnetenwahlen wurde uns eine Blütenlese von 24 Parteien präsentiert —, die im Kampf um die Macht und zwecks Stimmenfangs jede Finanzreform großen Stils völlig unmöglich machen. Und wie soll eine Arbeit solchen Umfanges überhaupt von Leuten begonnen und durchgeführt werden, die nie wissen, wie lange sie auf dem Ministersessel sitzen, und deren Kraft und Zeit sich zermürbt in dem unfruchtbaren Intriguenspiel, das dem Zwecke dient, ein gewisses Gleichgewicht zwischen den vielen sich einander bis aufs Messer bekämpfenden Gegensätzen herzustellen. An dieser Parteiwirtschaft, die der deutsche Partikularismus ins ungemessene verzweigt, drohen wir zugrunde zu gehen. Man ist versucht, nach dem in einer Reihe von Bundesstaaten der amerikanischen Union angewandten Rezept zu rufen, die Parlamente nur noch in gesetzlich vorgeschriebenen, sehr langen Intervallen und dann nur auf bestimmte kurze Zeit zusammentreten zu lassen, um ihre Vielgeschäftigkeit wenigstens einigermaßen zu bremsen. Noch mehr wünscht man sich freilich einen durch Änderung der Reichsverfassung in seiner Amtsdauer und Machtvollkommenheit vorübergehend außerordentlich bevollmächtigten, mit wirtschaftlichen Dingen wohlvertrauten, durch einen kleinen Ausschuß kontrollierten

Finanzdiktator, der mit eiserner Faust in das Chaos der Ausgabewirtschaft der öffentlichen Hand Ordnung bringen kann, ohne befürchten zu müssen, dabei über die Zwirnsfäden der Parteipolitik zu stolpern. Alles andere ist zwecklos und wird die Aufgabe nicht lösen, Ausgaben und Einnahmen der öffentlichen Hand im Sinne einer sparsamen, aufbauenden Wirtschaft wieder in Einklang zu bringen.

Man muß aber auch den Mut haben, denjenigen staatlichen Verwaltungsbehörden zu Leibe zu gehen, welche auf Grund der ihnen eingeräumten monopolistischen Stellung eine jede Ersparniswirtschaft unmöglich machende Überorganisation betreiben. Ich denke hierbei insbesondere an das große Gebiet der Sozialversicherung.

Nichts liegt mir ferner, als die Sozialversicherung oder besser gesagt die Sozialversorgung als solche schmälern zu wollen; im Gegenteil, ich möchte ihre Endwirkungen heben. Mehr denn je ist es nach dem verlorenen Kriege erforderlich, die Bedürftigen, Kranken, Verunglückten, Verwaisten und Alten zu schützen. Wohl muß aber verlangt werden, daß mit denkbar kleinstem Apparat der denkbar größte Erfolg erzielt und die rein wirtschaftliche Frage, wie das geschehen könne, frei von jeder Parteipolitik geprüft und gelöst werde.

Die Sozialausgaben des Reiches sind von 64,8 Millionen Mark im Jahre 1913/14 auf 500,2 Millionen Mark im Jahre 1924/25 gestiegen, d. h. sie weisen ein Plus von 435,4 Millionen Mark auf. Neben diesen sozialen Ausgaben des Reiches werden von der Wirtschaft noch rund jährlich 2 Milliarden Mark au gesetzlichen Beiträgen aufgebracht, gar nicht zu reden von den sich in dem Haushaltsplan der Länder findenden erheblichen Posten für Volkswohlfahrt, Arbeitslosenunterstützung und dergleichen. Weist doch der Haushaltsplan Preußens für das Jahr 1924/25 für derartige Zwecke einen Ausgabe-Etat von 70 Millionen

Mark aus, d. h. mehr als die gesamten sozialen Ausgaben des Reiches im Jahre 1913/14 betrugen.

Der Umfang unserer sozialen Lasten erhellt, wenn wir uns vergegenwärtigen, daß Deutschland, verglichen mit dem reichen England, mindestens denselben, wahrscheinlich einen größeren Betrag hierfür aufwendet, nämlich jährlich 134 Mark pro Kopf. Hierbei ist zu berücksichtigen, daß in der englischen Ziffer allein 49 Millionen Pfund Sterling enthalten sind, die nur für Arbeitslosenversicherung bereits im Jahre 1923 verausgabt wurden. Der beste Kenner der deutschen Sozialversicherung, der langjährige hochverdiente Präsident des Reichsversicherungsamtes, Geheimrat Dr. Kauffmann, an dessen von wohlwollendsten Gesichtspunkten getragener Betrachtungsweise niemand zweifeln wird, hat bereits im Sommer 1924 in seinem Bericht an die Verwaltungsabbaukommission hervorgehoben, daß es einen bedauerlichen Trugschluß bedeute, anzunehmen, daß die Sozialversicherung in den alten Bahnen der Vorkriegszeit ruhig weiter fortarbeiten könne. Er knüpfte hieran die Mahnung, daß die Sozialversicherung nicht vor der auf allen Gebieten zu empfindlichen Einschränkungen zwingenden Lage unserer Wirtschaft die Augen verschließen dürfe, und daß es nicht angehe, zuzusehen, daß die Gesamtbelastung aus Kranken-, Unfall- und Invalidenversicherung von 7 bis 7,5 v. H. in der Vorkriegszeit nunmehr auf 14 bis 17 v. H. der Löhne gestiegen sei. Präsident Kauffmann schloß diese Mahnung mit den Worten „In die Luft baut, wer die Sozialpolitik nicht als Kunst des Möglichen einzuschätzen weiß.“ Es ist aber keine Kunst des Möglichen mehr, wenn es z. B. so weit gekommen ist, daß die Frau und sechs Kinder eines verunglückten Bergmannes an monatlicher Rente zusammen 345 Mark erhalten, während der Bergmann selbst bei einer Verfahrung von monatlich 25 Schichten 205 Mark verdiente, so daß die Frau also nach dem Tode ihres Mannes rund 140 Mark mehr einnimmt, als der Mann für sich und seine ganze

Familie erarbeitet hatte. Es ist ferner eine Überspannung des Versicherungsbegriffes, wenn sich herausstellt, daß die Organisationen der Sozialversicherung Erwerbsgeschäfte betreiben, wie es z. B. von Ortskrankenkassen berichtet wird, die Aktiengesellschaften gründen, um Arzneien, Heilmittel und Bürobedarf zu liefern, mit dem Ergebnis, daß es Krankenkassen gibt, bei denen auf 400 bis 500 Mitglieder ein Beamter entfällt, während bei anderen erst auf 1500 bis 2000 Mitglieder ein Angestellter benötigt wird.

Ich halte es für hoffnungslos, diesen Auswüchsen beizukommen, wenn man sie im Verwaltungswege angreifen wollte. Dieser Sisyphusarbeit wäre niemand gewachsen. Wer sie unternähme, wäre von vornherein dem Tumult des politischen Parteikampfes ausgeliefert.

Ich sehe nur einen Weg aus diesem Dilemma. Man muß in den überorganisierten staatlichen Versicherungsbetrieb den frischen Hauch des wirtschaftlichen Lebens bringen. Es liegt gar kein Grund vor, weshalb nicht nach und nach eine große Zahl der Funktionen, welche die staatlichen Versicherungsbetriebe ausüben, von einer entsprechend organisierten Privatversicherungswirtschaft geleistet werden könnte. Es ist anzunehmen, daß, sobald man dazu übergeht, auf diesem Gebiet allmählich die Konkurrenz der Privatversicherung, selbstverständlich unter staatlich vorgeschriebenem Ertragsergebnis für die Versicherten und unter staatlicher Oberaufsicht, zuzulassen, die Privatwirtschaftsunternehmen in der Lage sein würden, mit erheblich geringeren Selbstkosten und mit viel stärkerer Vereinfachung der Betriebsformen zu arbeiten, als solches eine nicht auf Selbstkostenersparnis und Ertrag eingestellte Staatsbehörde vermag. Dadurch würde der Weg frei, um den Krebsschaden der jetzigen Organisation zu beseitigen, der darin besteht, daß ein sehr großer Teil der aufgebrachten Beträge durch die viel zu verwickelte Apparatur der Organisation verbraucht wird und deshalb den Bedachten überhaupt nicht zugute kommt.

Die Zulassung der Privatwirtschaft auf diesem Gebiet würde den weiteren Erfolg haben, die Versicherten zum Nachdenken über das Wesen der Versicherung und zur Kritik der staatlichen Organisationen anzuregen. Wenn der staatlich Versicherte die Möglichkeit hat, sich wahlweise staatlich oder privat versichern zu lassen, wird er veranlaßt werden, zu prüfen, welche Versicherungsform für ihn die vorteilhafteste ist. Er wird dann anfangen zu rechnen und sich wahrscheinlich darüber klar werden, daß die staatliche Organisation vielfach zu verschwenderisch arbeitet; er wird fordern, daß auch von ihr mit Rücksicht auf den Ertrag gewirtschaftet werde, und erkennen, daß der jetzt erzielte Ertrag, vielleicht sogar mehr, auf billigerem Wege erzielt werden kann als bisher.

Für besonders gefährlich halte ich, daß der Staat durch den ohne Rücksicht auf die Privatwirtschaft erfolgten Ausbau der sozialen Lasten gegen das von mir als zweiten Leitsatz für den Abbau formulierte Gebot verstößt, keine Verpflichtungen einzugehen, die am Fälligkeitstage nicht erfüllt werden können. Eine Sozialversicherung und Sozialversorgung, welche die Kräfte der Wirtschaft übersteigt, muß eines Tages zusammenbrechen und den Versicherten bekennen, daß sie ihren Verbindlichkeiten nicht nachkommen könne. Ich könnte mir aber keine schlimmere Erschütterung unseres Staatswesens denken, als wenn dieser Fall einträte. Er wird aber eintreten, wenn nicht alsbald haltgemacht und die Last der Kraft der Belasteten angepaßt wird.

Es vergeht beinahe kein Tag, an dem nicht der Geschäftsbericht eines Unternehmens erscheint, der in Ziffern vor Augen führt, daß die staatlicherseits der Wirtschaft auferlegten Lasten diese erdrücken. Es sei mir gestattet, hierfür einige Beispiele anzuführen. Es zahlten ausweislich ihrer veröffentlichten Geschäftsberichte:

die Mannesmannröhren-Werke laut Bilanz vom 30. Juni 1925

	Mark
an Steuern	8 164 000
an sozialen Lasten	5 190 000
d. h. insgesamt	13 354 000

gleich 11,5 v. H. des Gesamtaktienkapitals, gleich rund 500 v. H. des erzielten Reingewinns, gleich rund 200 v. H. der Gesamtunkosten der Betriebsstätten und der Hauptverwaltung;

der Köln-Neuessener Bergwerksverein laut Bilanz vom 30. Juni 1925

	Mark
an Steuern	1 347 558
an sozialen Lasten	1 543 007
an sonstigen Beiträgen (Berggewerkschaftskasse, Handelskammer, Emschergenossenschaft usw.) . .	83 193
	2 973 758.

Die sozialen Lasten betrugen pro Kopf der Belegschaft rund 237 Mark;

die Bergbau-Aktiengesellschaft Präsident laut Bilanz vom 30. Juni 1925

	Mark
an Steuern	526 017
an Knappschaftsgefällen	547 217
an Beiträgen zur Knappschafts-Berufsgenossenschaft	92 269
	1 165 503.
Es ergab sich ein Verlust von . . .	56 861;

das Osnabrücker Kupfer- und Drahtwerk laut Bilanz vom 30. Juni 1925

	Mark
an Steuern . . . . d. h. mehr als 18 v. H. des Aktienkapitals.	894 577,
Es verblieb ein Reingewinn von . . d. h. ein knappes Zwanzigstel des Steuerbetrages;	41 667,

die Humboldtmühle A.-G., Berlin, laut Bilanz vom 30. Juni 1925

	Mark
an Steuern	267 849
an Krankenkassen- und Invalidenbeiträgen	15 963
	283 812.
Der Reingewinn betrug	181 559.

Die Verhältnisse in einem einzelnen Industriezweig, nämlich der Schiffbauindustrie, werden durch Ziffern grell beleuchtet, die soeben der Verein Deutscher Schiffswerften bekanntgibt. Danach betrugen für 24 Werften:

		Mark
Summe der Reichs-, Landes- und Gemeindesteuern	1913:	1 078 200
	1924:	7 908 273
	1925:	5 362 726
Pro Kopf des Arbeiters	1913:	21,67
	1924:	235,36
	1925:	192,90
Summe der sozialen Lasten pro Kopf des Arbeiters	1913:	50,02
	1924:	79,69
	1925:	94,29

In der folgenden Tabelle ist endlich noch für eine Reihe beliebig ausgewählter Gesellschaften der prozentuale Anteil, den Steuern und soziale Lasten vom Bruttoerträgnis wegnehmen, für die Vorkriegszeit und die Gegenwart verglichen worden. Für den Durchschnitt der ersten sechs aufgeführten Gesellschaften betragen die entsprechenden Prozentziffern für 1913/14 7 v. H., für 1924/25 40 v. H.

Name der Gesellschaft	1924 bezw. 1924/25				1913 bezw. 1913/14			
	a) Bruttoerträgnis (in Tausend M.)	b) Steuern (in Tausend M.)	c) soziale Lasten (in Tausend M.)	b bezw. b + c in Prozent von a	a) Bruttoerträgnis (in Tausend M.)	b) Steuern (in Tausend M.)	c) soziale Lasten (in Tausend M.)	b bezw. b + c in Prozent von a
Köln-Rottweil A.-G.	4 737	1 439	515	41	7 536	322	206	7
Maschinenbauanstalt Humboldt	2 340	968	535	64	7 325	241	299	7
Motorenfabrik Deutz	2 183	954	444	64	7 165	315	296	9
Kaliwerke Aschersleben . . .	2 332	577	—	25	2 978	332	—	11
Kaliwerke Westeregeln. . . .	2 071	562	—	27	3 944	159	—	4
Alexanderwerk v. d. Nahmer	3 047	387	179	19	1 972	64	—	3
Maschinenfabrik Gebr. Seck.	1 794	785		44				
N. A. G.	4 949	1 943	251	44				
Bamag-Méguin A.-G..	2 802	689	551	44				

Ich könnte diese Liste noch leicht vergrößern. Die angeführten Ziffern genügen, um zu beweisen, daß wir bereits jetzt die Grenze des Möglichen überschritten haben, wenn wir eine mit dem Ausland konkurrenzfähige Wirtschaft aufrechterhalten wollen.

Die Staatsverwaltung verstößt aber auch gegen das dritte Gebot des Abbaues, sich nicht auf Geschäfte einzulassen, die sie nicht mehr zu übersehen vermag. Man ist leider sehr häufig versucht, ihr zuzurufen: Schuster, bleib bei deinem Leisten!

Es ist nicht Aufgabe der Staatsverwaltung, mit der Privatwirtschaft in Konkurrenz zu treten und Erwerbswirtschaft treiben zu wollen. Jedenfalls können wir uns diesen Luxus auf den Gebieten nicht leisten, auf denen wir in weltwirtschaftlicher Konkurrenz mit dem Auslande stehen, das seine Betriebe nach privatwirtschaftlichen Grundsätzen führt und dementsprechend billiger arbeitet, als je ein Staatsbetrieb es vermag.

Die unverständliche Steuervorratswirtschaft der Regierung hat aber dahin geführt, daß allenthalben im Reich, in den Ländern und vielfach auch in den Kommunen an einzelnen Zentralstellen Ansammlungen so großer Überschußsteuerbeträge stattgefunden haben, daß für die Verwalter derselben ein starker Anreiz geschaffen worden ist, dieses Geld in wirtschaftlichen Unternehmungen anzulegen. Ich will nicht auf Einzelheiten eingehen, man hat aber den Eindruck, als ob die Furcht, daß diese Geldquellen in absehbarer Zeit zum Versiegen kommen könnten, geradezu anspornend wirkt, um noch beizeiten recht große Investitionen mit ihrer Hilfe zu unternehmen.

Die Folgen dieser Betätigung werden trübe sein. Ein parteilich zerrissenes Gebilde wie Deutschland, das erst allmählich dazu heranreifen kann, den Aufgaben der Selbstregierung gerecht zu werden, läuft Gefahr, daß der staatlich geführte Wirtschaftsbetrieb, abgesehen von den vielfachen administrativen Hemmnissen, die einer auf Rentabilität gerichteten Tätigkeit innewohnen, Tummelplatz von Bestrebungen wird, die das Wohl der politischen Partei über das Wohl des Betriebes stellen. Darum ist es dringend zu wünschen, daß der Staat sich als Gewerbetreibender auf die denkbar engsten Grenzen beschränkt, nicht aber, wie solches leider vielfach den Anschein hat, das der Wirtschaft im Übermaß abgenommene Kapital benutzt, um dieser entkräfteten Wirtschaft auf ihrem ureigensten Gebiet als Konkurrent gegenüberzutreten.

Ganz besonders muß aber davor gewarnt werden, daß eine derartige Wirtschaft auf kurzfristigen Krediten aufgebaut wird. Der größte deutsche Freistaat ist bereits zur Ausgabe von Schatzanweisungen geschritten, eine handgreifliche Mahnung, vorsichtig zu Werke zu gehen!

Ich will zum Schluß noch ein Wort über die Auslandskredite sagen, brauche dieses Gebiet aber nur zu streifen, da es ausgiebig auf dem letzten Bankiertag erörtert worden ist.

Es kann kein Zweifel darüber bestehen, daß wir unsere Kapitalnot nur dadurch wenigstens bis zu einem gewissen Grade ausgleichen können, daß wir uns auf Auslandshilfe stützen. Der Umfang, in welchem ausländisches Kapital im Wege der Anleihen herangezogen werden kann, bestimmt sich nach der Möglichkeit, langlaufende fundierte Beträge pünktlich zu verzinsen und zu amortisieren. Die Festigkeit unserer Währung gibt uns das Recht, derartige Anleihen in fremder Währung abzuschließen. Wer dieses tut, muß sich aber dessen bewußt sein, daß er damit das Risiko der Parität der Wechselkurse läuft, das bei großen Summen und langen Fristen sehr stark zu Buch schlagen kann. Der Schuldner muß deshalb den Umfang dieses Risikos in den erforderlichen Grenzen halten. Auf die Dauer kann der gesamte Kapitalbedarf unserer Wirtschaft jedenfalls nicht auf diesem Wege befriedigt werden, ohne daß die Währung bedroht würde. Bis jetzt sind schätzungsweise Kredite und Anleihen im Gegenwert von mehr als drei Milliarden Mark vom Ausland an die deutsche Wirtschaft gewährt worden. Welcher Steigerung diese Summe fähig ist, hängt von so zahlreichen Faktoren hüben und drüben ab, daß niemand ein sicheres Prognostikon stellen kann. Jedenfalls muß man sich aber an den sehr unliebsamen Gedanken gewöhnen, daß wir, anstatt die Substanz beliehen zu erhalten, wesentliche Teile derselben an das Ausland werden verkaufen müssen, um wenigstens den Rest für uns zu retten. Der Vorteil dieser Regelung ist, daß das Ausland unser Gläubiger in Reichsmark wird, der Nachteil, daß die ausländische Invasion wirtschaftlich sehr gefährlich werden kann. Es muß deshalb mit allen Mitteln dahin gestrebt werden, bei Abmachungen, welche der Heranziehung fremden Kapitals gegen Hergabe von Substanzteilen dienen, die Kontrolle der betroffenen Unternehmungen auf deutscher Seite in der Hand zu behalten.

Besonders gefährlich ist es, wenn die Regelung dieser komplizierten Beziehungen in die parteipolitische Arena gezerrt und zum Gegenstande parlamentarischer Diskussionen gemacht wird, die mit mehr Lärm als Sachverständnis geführt werden und nichts weniger als geeignet sein können, die Neigung des Auslandes zu stärken, sich an deutschen Unternehmungen zu beteiligen. Es ist sehr leicht, zu schreien, die deutsche Wirtschaft dürfe nicht in das Joch der Fremdherrschaft gezwängt werden; es gehört aber sehr feinfühlige Kenntnis der Psychologie des das Kapital liefernden Auslandes und sehr viel vorsichtige Diplomatie dazu, um das richtige Maß zwischen berechtigtem Selbstschutz gegen Akkaparierungsgelüste und dem Entgegenkommen zu finden, das bezeugt werden muß, um dem fremden Kapital die aktive Interessenahme an uns schmackhaft zu machen.

Der schlimmste Feind solcher Bemühungen ist das Schlagwort, dessen Macht durch die Oberflächlichkeit unserer Zeit schier grenzenlos geworden ist. Als neueste Blüte dieser Art erscheint die Forderung, es müßten sofort alle Stimmrechtsaktien beseitigt werden. Mancher, der heute auf Grund theoretisch sehr richtiger, der Praxis aber leider sehr fernstehender Erwägungen sich gar nicht genug tun kann, mit Feuer und Schwert gegen diese Schutzaktien zu wüten, wird sie später mit Schmerzen vermissen, wenn es gilt, die deutsche Kontrolle deutscher Betriebe gegenüber dem Auslande zu verteidigen!

Eines steht jedenfalls fest: wenn wir die öffentliche Ausgabenwirtschaft so fortsetzen wie bisher und damit fortfahren, aus parteipolitischen Erwägungen heraus eine behördliche Überorganisation zu betreiben, deren Kosten unsere Wirtschaft auf dem Wege zu weit gehender Steuerbelastung zum Erliegen bringt, so werden wir uns die Zufuhr ausländischen Kapitals automatisch abschneiden. Niemand gibt Geld nach einem Lande, das sich finanziell zugrunde richtet, niemand erwirbt die Obligation oder die Aktie eines Unternehmens, das von der Last seiner Steuern und sozialen Lasten erdrückt wird. Es ist an der Zeit, daß wir uns darüber klar werden, daß Deutschland bisher noch immer von dem Rufe der Vergangenheit zehrt insofern, als das Ausland dem deutschen Können und der deutschen Energie auf Grund der Leistungen der Kriegs- und Vorkriegszeit beinahe Unmögliches zutraut. Wir wollen uns aber kein X für ein U darüber vormachen, daß, wenn wir fortfahren, die Staatswirtschaft zum Spielball der Parteipolitik zu machen, es mit diesem Vertrauen bald vorbei sein wird. Man braucht sich nur rückschauend die Beurteilung zu vergegenwärtigen, die wir selbst in der Vergangenheit den damals als Schuldnerstaaten uns gegenübertretenden Ländern entgegenbrachten, in denen das politische Parteiwesen den maßgebenden Einfluß ausübte. Soweit es sich um Länder mit großem natürlichem Reichtum handelte, waren wir bereit, auch solchen Ländern Kredit zu gewähren, weil wir uns sagten, daß der natürliche Reichtum selbst Mißgriffe ärgster Art der Regierung wettmachen werde. Deutschland befindet sich in ganz anderer Lage. Wir sind verarmt, und die natürlichen Hilfsquellen unseres Landes sind begrenzt. Unser größtes Aktivum ist das Vertrauen in die Kraft unserer Privatwirtschaft. Wenn wir diese Kraft durch Übergriffe einer wildgewordenen

Parteiwirtschaft zerstören, so ist es sehr rasch mit jedem Interesse des Auslandes an unserem Ergehen vorbei.

Es kommt aber noch ein Weiteres hinzu. Wir können nur dann in die Höhe kommen, wenn wir wieder diejenigen Kräfte unseres Volkes entwickeln, die in der Vergangenheit den Grund seines Aufstieges gebildet haben. Mit einer Verschwendungswirtschaft der öffentlichen Hand, wie sie bei uns eingerissen ist, und der Sucht der öffentlichen Hand, sich in der Privatwirtschaft zu tummeln, leisten wir denen Vorschub, deren höchstes Streben dahin geht, eine Versorgung zu erhalten, und zwar auf Staatskosten, denen aber Mut und Kraft fehlen, nur im Vertrauen auf sich selbst ihre Stellung zu schaffen und ihre eigene Produktivität zu entfalten. Wir züchten an Stelle der wagemutigen Kämpfer, die Deutschland groß gemacht und seinen Namen über die Erde getragen haben, ein kleinmütiges Geschlecht von Kostgängern der öffentlichen Hand, die nur das eine erstreben, sich durch Gesinnungstreue die Gunst ihrer Partei zu erhalten. Auf diese Weise entstehen keine Persönlichkeiten, keine Charaktere, die an sich selbst glauben, sondern abhängige Wesen, die alles andere sind, als frei. Die uns bedrängenden Schwierigkeiten werden nicht überwunden werden, solange der Moloch Partei das Szepter führt. Derartige Abwege von wirklicher Demokratie kann sich nur ein Land leisten, das im Überfluß schwimmt, nicht aber ein um seine Existenz kämpfendes, aller Machtmittel beraubtes Volk. Nicht die Massen zugunsten der Partei betörende Reden werden uns emporführen, sondern nur sachverständige, zähe und zielbewußte Arbeit, die stets nur dem Wohle des Ganzen gewidmet ist und für die es nur den einen Leitstern gibt: Das Vaterland und nicht die Partei!

Druck von Otto Walter
Berlin S 14
Kommandantenstraße 44 a

FSC
www.fsc.org
MIX
Papier | Fördert
gute Waldnutzung
FSC® C083411

Kolibri 360 GmbH
Ferdinand-Jühlke-Straße 7
99095 Erfurt, Deutschland
produktsicherheit@kolibri360.de